AF480145

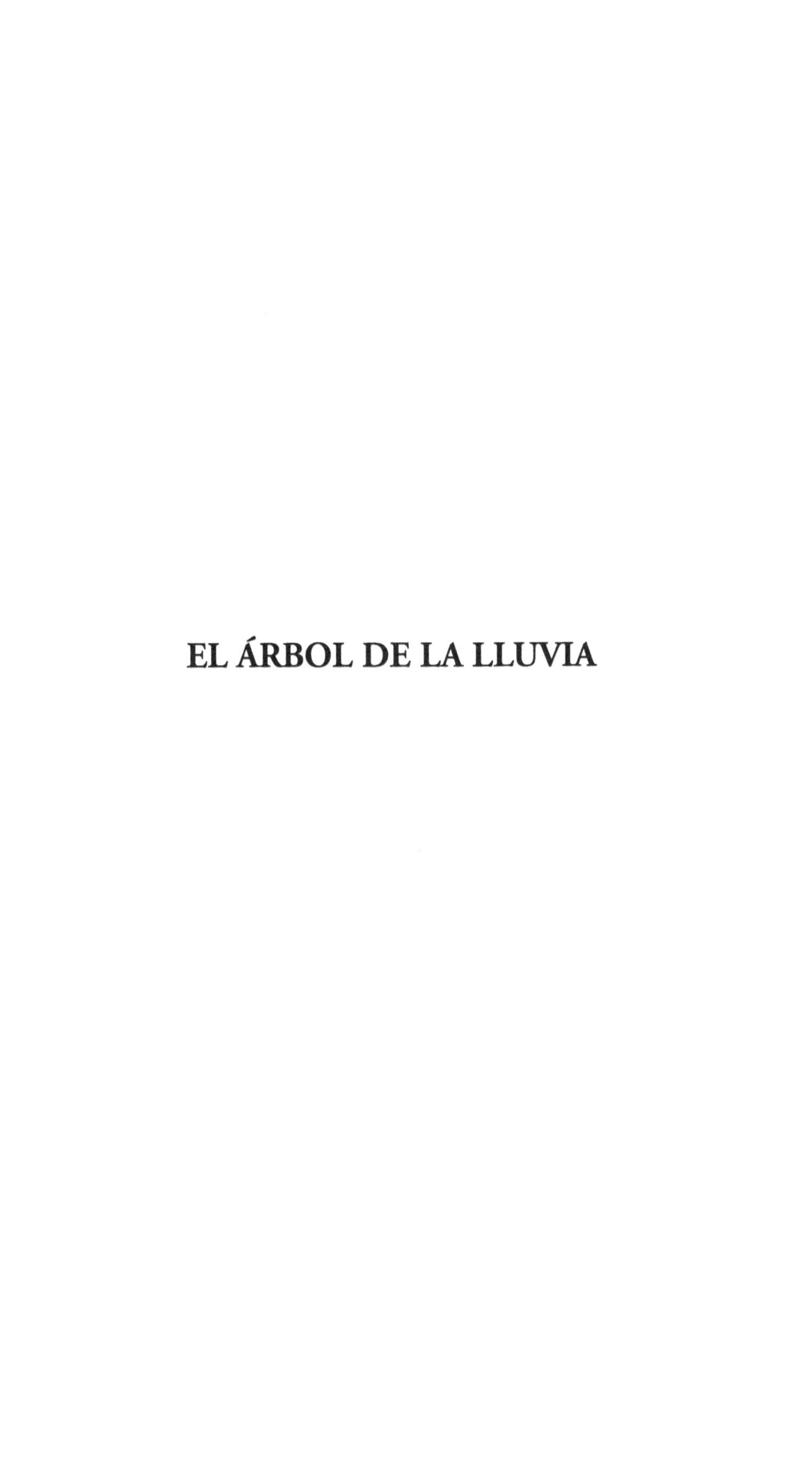

EL ÁRBOL DE LA LLUVIA

EL ÁRBOL DE LA LLUVIA

Poesía

JOSÉ CARLOS PEDROZA

NEW ALEPH

NEW ALEPH PRESS
www.newaleph.com
alephnewpress@gmail.com

Cover image and Design © 2024
by www.taitalab.com

Corrección de pruebas: Erwin Limón y el autor.
Edición: David Cruz

FIRST EDITION
2024
Printed in the United States of America
ISBN 979-8-9915218-1-9

A Mirna Isabel,
Teri Aline y José Carlos
Por estar desde que tengo memoria.

De la nieve

Nevaba con fuerza
en la orilla del bosque.
Entre olores de pino y *yerba*,
asomaba un cuervo entre el hielo.

Eras un recuerdo en el frío.
De ti surgían el deshielo y la migración
me arrastrabas por el agua
como ave que lleva a su presa
destruías mi cuerpo, cansado:
—devóralo todo
        déjame
                sin palabras.

En algún lugar de las sombras
clava mi piel al cuerpo de un árbol
arranca mi corazón
déjame respirar
el aire enrarecido de mis pensamientos.

No dejes ninguna madrugada para los otros,
olvida este egoísmo que empaña las ventanas.

Extraviado
en todos tus fríos
he perdido la certeza de mi carne:
no tengo más que este atado de sombras.

Amaltea I

La madrugada se colocó en tus manos
casi sostienes a la mitad del mundo
Amaltea dadora de vida
voz en medio de la tormenta.
Hay aún en ti tantos imposibles
no alcanza la memoria para decir todos tus nombres
ni los huecos misteriosos de los años y los días
ni todas las palabras ni los bosques ni los ríos
podrán darte forma

pero tus pasos a las afueras de esta habitación
oscurecen cualquier claridad
el viento se sostiene en el recuerdo

pobre de Júpiter sin sus satélites
sin sus aguas.

Amaltea suelta los rebaños
y canta para mí un trueno
una gota bastará para escribirte
y ahogarse en tus posibilidades.

La suma

Eres la de los ojos de viento
supongo también la del frío
la que traza el paisaje y la distancia
la que habla lo mismo
con el árbol de la lluvia
con los pequeños insectos que habitan el jardín.

Eres la que se quedó en los portales
la que nunca abrió la puerta
la de los relojes de arena rotos
la de Judas, el orgulloso,
eres la suma de todos los pétalos
la de los abusos y cariños
eres la luna de junio
de septiembre
de la mañana, rota y gris
sin redención
eres también el principio
de la luz y la belleza.

Cuestión de tiempo

Qué harás cuando llegue el tiempo
y te descubras junto a la puerta
donde yo me sostenía,
no podrás decir nada
ni sabrás de qué color eran tus labios
o lo largo de sus galeras.

No sabrás
de las canciones que dejaban caer acantilados
noches y lunas.

Seré como cualquier otro que miras
en la tarde
salir del trabajo solo e incómodo

no conocerás las texturas de mis labios
ni el sonido de tus ojos cerca de mi oído
no tendrás el peso de mis sueños en el centro de tus brazos

no podrás saber, si nunca has sentido
el vacío que dejas
en el aire de los pasillos

no podrás cerrar ya la puerta
no mentirás

ya no habrá noticias esmaltadas en mi boca
ya no seré el heraldo de tu pasado

esa es la tragedia.

Castillos I o de la cena

Para Mario Mata, mi caro amigo,
este y todos los castillos

En el centro del que fuera quizá un castillo
hay un hombre
cena en medio de los patios cubiertos de piedra
solitario
algunas de las noches camina hasta las celosías
mira por horas el vacío que ha dejado el paso del invierno.

Ella nunca pudo hablarle del encanto de las flores
o del paso del venado entre los abedules
recostada en el hombro duerme sobre la mano
que cubre la mitad de su cuello.

Él, me dice que la vela en silencio.
La mima desde la ventana de su día
(hace una pausa, que bonita palabra es mimar,
luego guarda el silencio en las bolsas del abrigo)
se acerca sigiloso en la madrugada
toca su rostro,
en el desorden del cabello
evita los labios
les deja en un gesto cruel.

Ella, la que cuida el hombre
sonríe disimuladamente y duerme
en el centro del que en algún tiempo fue un castillo
tal vez
él monta guardia.

Amanece, es un instante,
oscurece de nuevo
él deja sus atavíos, los metales de sus armas sobre los bancos
en la mesa

Ella espera como todas las tardes y mañanas,
el hombre cena en medio de las gastadas baldosas
ella le toma las manos
y olvida los prados
los silencios
las aguas congeladas del invierno
sus perros de caza
los azores
el tiempo y los deberes
quizá fue un instante que confundió con el día y la noche
mientras la cena se enfría en el centro del patio
mientras cae la nieve.

Es su voz

Tú miras sobre las manos:
"Construimos una vida única
irrepetible en nosotros
dispuestos para no hacer esto una y mil veces".

Es la noche sin sus pájaros
los secretos inalcanzables
de la tarde descollada
su mar embravecido
el más alto de los abismos.

Ahora nada tiene sentido
todo caerá
en lo profundo de su mirada
el vacío que dejan las palabras
colgadas de su cuerpo.

Cuánta soledad habita los espacios
las ausencias
el árbol que eres en medio de la noche
su brillante curvatura.

Quiero descubrir qué fue de ti
en qué deslumbrante paraje quedaste
de dónde viene
el mármol de tu rostro
busco respuestas
ahora tengo miedo de mis pensamientos
es posible que no sean míos o tuyos.

La luna abre las puertas
camina hacia este vacío
cierro los ojos
mientras cantas a la claridad.

Castillos II

Por los estrechos espacios del castillo
camina alguien que podría ser la reina
está hecha de sol y primavera
todos la miran de reojo
no por su personalidad
si no por su belleza
de sus labios como cerezas caen estrellas
todos la miran con cuidado
no por su belleza
si no por la fuerza con que sus pasos
detonan tempestades.

Todos los días camina hacia el solar
en el sur del apagado castillo
canta en voz baja.

Es joven en el reflejo de la fuente
ya no es la menina que recuerda sus calamidades
ahora es una torre a la orilla del castillo
coronada por el sol de las mañanas
camina
quizá va o viene a la fuente
luz o maleficio
canta o ha hecho un piadoso voto de silencio.

Los alanos y lebreles
conocen su aroma
la esperan y acompañan a los paseos de la tarde
ni monarcas ni cortesanos
ni Felipe y su Castilla
saben su nombre.

Ella
la que podría ser reina
llega como la lluvia en las montañas
pesa como una ola en las madrugadas del otoño nordestino
pero en la fuente
es ligera.
Narcisa de colores y sonidos
es entonces marejada, canto.

Escaleras

¿Qué hago sin ti?
por las mañanas cuando te busco en las banquetas
de esta ciudad
que no conozco,
cuando cruzo la calle
lleno de miedo
de no encontrarte
donde te acomodabas todos los días,
esperas,
haces los deberes,
tengo miedo de ver vacía la silla
encontrar el abrigo que dejaste sin ti
desde ayer
a media mañana,
sin las luces del día

¿qué voy hacer sin ti?
cuando subo las escaleras
y pienso en tus manos, en la forma en que me miras

¿qué haré sin ti?
lleno de apretados obstáculos,
no sé qué voy hacer sin ti
si te das cuenta de que el día toma sentido
solo si me has tomado
entre los brazos
y has puesto tus labios junto a mis mejillas.

No sé
no tengo ninguna idea de cómo se puede estar sin ti
o junto a ti
detrás de la ventana donde algunas veces
vengo a encontrarte
y estás llena de objetos extraños
incomprensibles.

Es verdad no puedo estar así
pero eso tú ya lo sabías
desde el día en que te dije
que me gusta la manera en te acercas a mí
desde tan lejos
la manera en que todos los días imagino
tus besos que tocan lo más hondo
lo más profundo de mis pensamientos

y canto mi nombre tan pequeño.

Por eso es que no sé qué hacer sin ti

no sé cómo subir la escalera
después de las cinco
no estás para mirarme.

Neblina

Pongo pausa a las premoniciones
imagino palabras que viajan
de mi pensamiento a tus labios

no dices nada
todo resulta lejano

como el día en que murió mi padre
y guardé silencio:
abandoné la idea
de su rostro
de sus manos.

En la neblina que habita entre tú y yo
una mesa breve
un abismo
allí dejé todo
las ideas, las sensaciones, las cosas diarias
me entregué a ti
como a una marejada que te arrastra
y te devuelve a la orilla
lastimado
gris de arena

fue un instante
construido de cincuenta años
de luz y oscuridad
quedé a merced de mis emociones
seguiste en silencio

tomé mis libros
y escuché tu canto.

Modigliani

Pasó la noche
aún estás sobre tu cama
él se va desde temprano
hacia los manzanos

la luz del sol intenta entrar
hasta corromper todo

quizá es lunes

no te mueves
es invierno
a tu cuerpo desnudo parece no importarle
nada puede entrar a la alcoba
ni el pensamiento más sutil

podría ser mayo

a Modigliani y a mí nos fue negada la presencia
apenas un esbozo
de lo que sucede en esa habitación
conocemos
solo la luz entrando lejos de la ventana
en un sutil imaginario
perfecta
intuimos
arrojada sobre las sábanas
inclinas la cabeza a la izquierda
dejas caer tu pelo sobre ti misma
quisieras ser la niña fuerte
la de la fotografía en blanco y negro
pero no eres tú
tocas tu cadera como quien busca un territorio perdido
el extravío de todos tus lunares

la luz insiste
no puede.
En tus ojos debería de haber llanto
pero imposible
como el fuego o la lluvia
o Modigliani, o yo.

Amaltea II

Me fascina cómo te llamas
Amaltea
que me secuestres
que te metas en mis sueños
que escribas estos versos por mí
 que *hables cuando hablo y que pienses cuando pienso.*
Amaltea
no la de Júpiter ni la de los cuentos
a mí me gustas más que Dios y que Jaime
y que Nervo
te lo he dicho otras veces
me gusta cómo caminas
cómo cantas
cómo duermes
hasta los domingos que no te veo
a mí me gustas cuando no te abrazo
cuando no te tengo
me gustas tanto Amaltea
cuando vienes y te quedas poco tiempo
cuando llueves arrojando el pelo como pájaros al vuelo
sobre los espejos del viento
venturoso yo Amaltea
de poder verte cuando pienso
al tomar el lápiz de mi mesa del sosiego
mientras tomo el pan de la mañana
y cantas mis desvelos.

Amaltea amo tus pies de agua
delgados como el consuelo
y tus manos y tu cuello
cuando te recuestas en mi cama
y me hablas si no duermo.

Eres la luz amarilla y verde de mis ojos cerrados
en medio de mi cuarto oscuro
y de todos mis miedos.

Amaltea eres tú
la que desde muchacho quiero
y que no encuentro

eres la tecla del piano
un lápiz
un verbo
también la oscuridad o el tiempo
Córdova a media tarde
eres en el final de la vida
el concierto y el recuento
las palabras dichas
Amaltea, la de Zeus,
me voy en ti,
soy
escribo
y te espero.

Texturas

Cuando niño bajaba la barranca
desde el rancho de mis abuelos
hasta un enorme árbol de mangos.
Era una dicha inmensa subir a sus ramas,
comer sus frutos mientras sentía cómo el día
llenaba todo.
Entonces, la textura de las cáscaras,
la suavidad de la carne, emocionaba todo mi cuerpo.

Cerca de tus ojos
llegan de golpe las texturas:
el viento entre las hojas,
algunos pájaros,
insectos, que ya sabían tu nombre.

Las neuronas

Responden a tu nombre, a tu fotografía y a tu voz,
ellas saben cosas de ti,
de tu pelo y tu aroma,
te evocan,
me dicen que hueles a los dulces de la infancia,
al musgo de los bosques,
a la arena de las montañas,
al pánico de tus ayunos,
a tantas cosas que no conozco.
De ellas soy desde la mañana en la calle,
en la noche donde levantas tu tienda del refugio,
hasta que vuelvo a preguntar por ti
y cantas
y veo las luces que no puedo apagar,
o imagino tus pies llenos de nudos,
de aceros,
donde construyo las casas del valor y de la lucha.
Me cuelgo en ellos,
con fuerza sostengo los templos de los justos y el deseo,
sospecho de la traición con que me hablan de ti.

Perdido vuelvo a cerrar los ojos,
voy al cielo,
apago las luces,
sueño,
rompo los escenarios donde habito,
tomo el instante,
la silla junto a la mesa,
inicio la charla con tus neuronas.
Descubro que mi hijo,
o las neuronas que conocen a mi hijo,
también conocen a Ángel González,
quien lo despeina en San Antonio
a los cuatro años.
Su voz es dramática y certera,
me pega hondo en las pupilas.

Mi hijo vive allí como los gatos
y sabe canciones que no recuerdo,
convive con el sonido de tu voz.
Se escuchan en las madrugadas,
muy cerca de los pasillos del olvido,
donde ahora habita mi madre y el recuerdo de mi madre.
De ella no hay ni voz, ni aroma, ni silencio.

Pero yo fui al cielo y apagué las luces,
no fue real,
nada en esta habitación que no es blanca
es real,
estas neuronas tercas me lo dicen.
Está tu voz, la de mi hijo, la de Rodrigo,
se pierden en un verde indescifrable.

Dehesa y olivas o de los castillos

Para Carlos Vargas,
amigo desde otros tiempos

Por los gastados espacios del castillo
camina alguien que no es el Rey
se detiene en uno de sus puentes
          a meditar por la mañana
anota frases en su libreta
sonríe satisfecho

(este mundo está divido en dos partes desproporcionadas:
los que le admiran y los que le temen,
nadie sabe la diferencia)

la tarde es buena para jugar ajedrez
a las cinco en punto, sin reclamos
los peones y corte se acomodan en silencio
          sobre el tablero marmolado
las torres verdosas encuadran las sombras
el hombre que no es rey
quisiera que dios atestiguara las hazañas

se levantan las banderas
se tocan pífanos y tambores
los alamares y acicates resplandecen
el hombre que no es el Rey
inicia la batalla

esta tarde, y otras tardes
se sacrificaron algunos peones
las cabezas de caballos
y alfiles ahora coronados
se reflejan en el brillo de la sangre derramada
          que llega hasta el patio del arrastre

el sol se oculta al mismo tiempo que termina la partida
el mulillero y su mulilla duermen
junto a las olivas

el hombre que no es el Rey
borra de la memoria algunos rostros
sacude el polvo de su cuerpo
y cierra a dos manos el portón
de su aposento.

Castillos V o de la muerta

Nunca fue un castillo,

sin embargo alguien camina hacia la vieja torre,
no lleva el cansancio en sus manos
ni la torpeza de los pies.
Lleva la misma cuerda con la que se atan vacas y cerdos,
piensa en el día que su padre murió:
esa mañana
el sol era una enorme naranja a punto de podrirse.

El mundo se derrumba como si la luz fuera una daga,
y él camina hacia la torre como un dios,
con la perfección de una gota de agua.

Tras de él, el trono se quebró como un pedazo de tierra seca
agitada por los caballos,
las sombras delgadas de la tarde asoman como banderas
sobre la explanada del que nunca fue un castillo,
los potros castrados se golpean entre sí.

El viento arrastra olores, plumas y desconsuelos,
a lo lejos, la conflagración del bosque y de los ríos,
todo arde,
como las velas a la orilla de un santuario.
Después, la negrura en las praderas.

Junto al hombre, otro hombre camina,
lo escolta al pie de la torre gris,
deja su cayado florecido
y despacio camina solitario las escaleras.

El olor de la yerba quemada está en su cuerpo,
lo sabe porque al colocar la soga sobre su cuello,
los aromas vuelan como insectos al levantar la piedra.
Ya nada habita en él,

los hijos, si los tuvo, se fueron a otros reinos,
todo lo que ama y desea murió.

Desde las balaustradas el valle
es hermoso como una mano abierta,
como una mujer saliendo del mar en la madrugada.

Respira profundo
como si fuera a entrar a un pozo de agua fría,
se lanza, vuela hasta que la soga lo detiene,
por un instante es inmortal,
perfecto como un dios,
después cae como fruta,
se desprende el botón de su cuerpo,
quedan solo las espinas.

La tarde brilla
desde las balaustradas.

Amaltea III

I

El hielo empezó a romperse,
es primavera,
tú, junto a los narvales, emprendes el viaje,
aún hace frío,
tu sombra,
el laberinto de la oscuridad,
todo va quedando vacío,
el sonido de la mañana es un dibujo sobre el agua,
los tallos de las hojas rotas
en tu pelo,
engarzadas como zarcillos,
como los arpones de los inuit
cuando cazan,
nada respira fuera de su mano,
de su escritura oceánica.
Ellos: inuit y narvales
son ritmos del infinito mar Ártico.

II

Amaltea
nunca dijiste tu nombre de sirena o ninfa,
de pez o de unicornio,
te transformas y transgredes marejadas,
tu viaje, lleno de la luna invernal,
comenzó desde que abriste la puerta
y llenaste todo con el agua del desierto,
perdimos el rumbo,
nos llenamos del ruido colectivo,
Perséfone recolecta narcisos,
te llama y te encamina de nuevo al océano.
Te vas, así como llegaste,
sobre el escritorio de mi pequeña oficina
quedan pedazos de lo que fueron tus pechos.

Se rompe el espacio
me levanto
limpio los restos que dejó el deshielo.

Es solo un mango, dijiste

Un sol generoso
cubría todo,
a mitad del camino un árbol de mangos
se sostenía del viento como una libélula.
Tú ibas hacia el mar,
no era la primera vez,
pero para ti cada una lo era.
Del mar venía un arrullo ligero,
un golpear tu cuerpo
mientras tu pelo creaba formas desconocidas,
todo era sal y texturas,
en medio de aromas a yerba, hojas húmedas y desconcierto.
El árbol es un solitario mango
con un enorme círculo hecho con su propia sombra,
perfecto, exacto, vanidoso,
guardián oscuro no deja a las abejas acercarse.
También tu paso desordenado
dejaba lleno de aromas las estancias.
Cómo explicar la maravilla
de tus manos tomando el mango de entre la hierba,
y en un solo movimiento arrancar la colorida piel,
los rojos, verdes y amarillos volaron por el viento,
arrojados a la belleza del paisaje,
la lucha entre tus labios, tus dientes
y la pulpa
fue luminosa.
Él perdió la batalla,
yo, desde "El Masahua", no pude ver nada,
tú, triunfante, sonreías feliz.

Jueves

No soy el único que le ha gustado verte
llegar
al juego de dominó de los jueves,
usando tus botas negras,
las de los paseos por el monte,
tu camisa corta que deja ver los lunares del brazo
izquierdo.
No pude contener tu mirada y bajé la cabeza,
mientras pensaba en otro lunar, el de tu espalda,
perfecto como tus silencios antes de bajar la primera ficha
con delicada fuerza.
Acostumbras empezar con la "seis tres"
si tenías suerte.
Pero esa noche fue diferente,
algo te asustaba,
tenías los ojos grandes, luminosos.
Otra vez miraste a tu derecha.
"Qué escándalo", dijiste
mientras dejabas caer de golpe otra ficha.
Nunca volví a sentir de esa manera el arrastre de la "cuatro dos"
sobre la mesa.
Dijiste no,
por favor, no.
Volví a bajar la mirada humillado,
mientras colocaba la "tres blanca".
Pensé en arrancar, sin más, de esa tu boca
toda la música que tienes,
llevarla hasta mi mesa y llenar de adornos todos los paisajes,
pero fue imposible.
Golpeaste con otra ficha
y me dejaste en el hueco
perfecto
de la "mula blanca".

Castillos III o del bufón

Debajo de viejos árboles
a la orilla del más alejado de los jardines,
gasta la tarde quien fuera bufón,
del lugar que podría ser un castillo.
Revisa libros al azar, los ha leído todos muchas veces:
tratados, poemas, historias de las rabias de otros reinos
y otros hombres que no son reyes
ni bufones.
Es un hombre solo, nadie ha visto su cara ni sus manos.
El hombre que es rey
lo busca por las noches del verano para que le alegre,
por las mañanas del invierno para que le aconseje.
Él sabe que es un viejo, cuando niño lo cargaba en sus espaldas,
jugaban a los piratas y cazaban cuervos.
Hoy queda poco de esos años,
la vieja bruja se marchó junto con los últimos faisanes y perdices,
le dejó un trozo de corazón amargo y seco.
En la sala principal él, quien fuera bufón, toca el laúd
y canta coplas desordenadas,
se va de bruces, finge sobresaltos y ríe para ocultar el odio
por lo que antes fue la corte,
gira sobre su espalda,
las baldosas son mejores que la cama donde no duerme.
De niño las miraba igual,
no sabe de otra forma de vida, bufón, consejero, bufón,
matar, ahogarse,
morir, dormir, y ambas siempre serán.
Desde niño conoció el frío de ellas,
su padre y el padre de su padre hicieron lo mismo,
las baldosas saben sus nombres y sus lágrimas,
pobre hombre.
Él, que es el bufón de un castillo imaginario
lleno de salones y patios,
con puertas, muchas puertas,
ni el poder del rey las abre todas,
ni tampoco lo saca de las sombras donde vive.

El paisaje gris y azul devora los caminos,
las canciones, la suma de las cosas,
¿qué hay para nosotros, los desterrados?
Los que habitamos estas paredes,
las ventanas de los llantos,
nos queda la noche y el cielo,
apagarse como el árbol de pie después de un incendio.

Dos Socorros y una trinidad

> *abandonado cuando —luego— callas...*
> *(Escucho tu silencio.*
> *Oigo*
> *constelaciones: existes.*
> Ángel González

Después de amanecer llegas
golpeas todo
lo transfiguras
vienes del vacío
del lugar en el que creemos que vienen las cosas malas
es allí donde todo sucede
puedo decirlo ya sin miedo
feliz incluso
entiendo tu presencia
que te renueves cada noche sin dejar de ser tú misma
seas tu abuela me cuentes de tus conquistas
cómo era el mundo entonces
antes de ti
después, a mediodía, trabajas sin parar como los colibríes
entonces construyes montañas muros sólidos como tus silencios
y me miras para derrotarme dejar mi cuerpo lastimado
de ti a la orilla de un campo de batalla
junto a otros cuerpos que el dolor de la vida ha segado como las
mieses en julio
de pronto como navaja que cruza el pecho
sin sentirlo
apenas una tibieza sobre la piel
te yergues como Capella
colocada por Júpiter en la constelación de sangre y huesos
a la que le has dado otro nombre y otras formas
eres tú
la amada de todos
la de marejada de sueños
la constructora de caminos
de puertas invisibles
que dan a otras puertas a otros caminos a otros muros

dédalo en un mundo de simplicidades
en el que habitan las otras tú
y entonces como Ángel
quisiera ser un dios
tal vez Zeus o una colonia de termitas
para construir una constelación de catedrales
para llenarlas de tus ausencias
llamar a misa a tu ejército de pequeños
e improbables sacerdotes
oficiar misterios y costumbres
ver desde fuera que eres la multiplicidad de tu presencia
Amaltea Socorro La Abuela,
la niña sentada al final del pasillo
de una casa en Chihuahua
la mujer rodeada de oficinas y deberes
la esbelta y alta
la perfecta suma de todos los deseos
y todas sus posibilidades
la hecha de constelaciones que son constelaciones
Dientes de León liberados por el viento
ofrecidos al mundo para su redención
para la muerte y la fuerza
la de manos imperfectas torturadas de luna
no hay razón en la piel que se mezcla con el agua o la sed
inteligencia que logre descifrar el problema
la trilogía constelada de nombres que son uno mismo
la distancia y el intersticio
el estallido de aromas
el vacío que crece como una mancha
y se recoge sobre el cielo llano
que flota sobre una manzana y una perla
donde vuelves una dos tres mil veces en el infinito
siete veces infinito y claro
como la mirada de un niño al final del pasillo
de una casa en Veracruz
donde la tarde se repite en el gorjeo de un pájaro

en la página de un libro donde se lee:
"Soy la que dibuja Amalteas infinitas
sobre pequeños guijarros
para olvidar
o morir
y veces hace sonar las aldabas
en los muros donde empieza a llegar la noche".

Azules

Tu voz viene del azul
de qué otro color podría ser
no el azul de Gorostiza
sino del que surge en los ojos cuando quieres
dormir y no puedes
los cierras con fuerza los abres
todo es azul
de esa forma de oscuridad viene tu voz
traída por el viento
no del azul de Darío
ni el de los niños recién nacidos
viene de tan lejos que no es lontananza
ni ralladura o terciopelo.

Sin título I

Huyo de ti
pero te acercas, tomas mi mano
besas mi mejilla

entonces el otoño me viene de golpe
y quiero que tu verano se enraice en mi pecho
me cubras todo de alegría de gozo de ti y necesite
de tu agua
de tus lunas
de tus venas

ya no hay tiempo
nada le viene nuevo al mundo
los pájaros cantan
los naranjos florecen el aire huele dulce

escribo solo de ti
esperando que abras la puerta de golpe
de la misma manera que entras y sales de mis horas
nada pasa solo el sonido de tu silla que se arrastra
y de las puertas que se abren

o cierran.

Las cajas

No hay para mí rosa puerta que sirva
o ventana para la luz en mi encierro.

Silencio donde no habita insecto ni ave
escucho a lo lejos pasos
algunas veces son ejércitos en tropel
otras disimulados como los de la mujer que se acerca
al lecho de su amante al llegar la madrugada.

Durante la mañana tensa como las llanuras del norte
intento adivinar si en alguno de ellos estás tú
si vienes como otros días a mi puerta.
Después el vacío la nieve en el abril de Eliot
la luz que opaca la claridad de las esferas
no hay azules que quieran seguir.

En la caja
queda el burdo espacio de las cartas que guardo
para ti y la tragedia de que alguna tarde las leas.

Castillos IV o de La Bruja

Nunca tocarás sus labios
        su aliento que imaginas afrutado
es ya de muerte
        brasa que se consume
                en tu mirada
aquí donde alguna vez fue un castillo
dejarás tu piel en los muros
        en el encierro de la carne
regarás las raíces, los pisos
y no tendrás flor ni fruto
        ni sueño ni hambre
te lo digo yo que no soy La Bruja
        no sé de magia y adivinaciones
pero he visto la muerte
        cómo se quiebran los huesos y arde la piel
mientras su olor cubre el valle
        he visto los muertos llegar
tú no eres diferente a ellos
pobre de ti
poeta
        no ves más allá del caserío
aquí te quedarás
        lo sé desde el día en que te vi cruzar su puerta

porque sin ser hechicera escribo en el agua
arranco la piel lo mismo a bueyes que a soldados
pero tú
        el que escribe no eres nada
menos que un montón de pájaros agonizando
sin embargo te lo digo
        aquí ya no hay puertas o ventanas
las usamos para quemar al último de los reyes
de este que no es un castillo
        donde tú escribes para los muertos.

II

Vengo a ti   hechicera   bruja de los muertos
entrégame lo que por derecho me pertenece
lo que es mío antes de nacer
tengo el poder y la escritura
no quiero tus engaños
                                        ni tu suerte
tampoco tus canciones
                                        sirena
dame las llaves del reino
vengo por la piel que dejé en estos los muros del castillo
vengo por el aliento a frutas y flores de la montaña
no tengo miedo
aunque soy cobarde
hoy tengo el valor
de la flama que se apaga
vengo por las pieles colgadas de los muros de tu pequeña casa
vengo por ti, tus navajas, tu voz de tierra seca
levantaré puertas haré muros y aljibes
y de ti hechicera solo quedarán las plumas
de los que fueron tus pájaros
las uñas de tus manos
nadie te recordará como a mí
de tu presencia quedarán estas palabras
cubiertas de ceniza.

Colofón o de mi hija

He de confesarte, hija
"perdí tu poema", sí,
el que escribimos cuando eras niña
lo dejé en la bolsa de la camisa
tantos años que se convirtió en arena
se lo llevó el agua y el viento
quedaron unos granos que puse en el reloj
el que está sobre el librero
no sé cómo escribir otro
perdí las palabras que te dije entonces:
las panteras de tus ojos devoraron todo
tus brazos infinitos en un círculo perfecto
dejaron luz donde había sombra.
Abatido en la oscuridad que por las mañanas es el mundo
entonces como hoy
quisiera recordar cada verso
de eso que tú y yo llamamos poema
y poder salvar la tarde
lo que queda de la vida
algo de tiempo en la apretada espera de la noche.

Sin título II

Tu presencia anuncia las ausencias de la tarde
ven
entérate de lo que pasa
desde que no llegaste a la cita
tú
la de los ojos de viento
supongo también la del frío
la que traza el paisaje y la distancia
la que habla lo mismo   desde el árbol de la lluvia
desde los pequeños insectos   que habitan el jardín
eres la que se quedó en los portales
la que nunca abrió la puerta
la dueña de mis flaquezas
la abuela sentada en la puerta de la casa en "El Limón"
los muertos en el desierto de Chihuahua
la de la noche   la del día   la del fracaso
la de los relojes de arena rotos y guardados entre los libros
la de Judas el orgulloso
eres la suma de todos los pétalos
la de los abusos y cariños
la del cinturón en las manos antes de la desnudés
cuántas arrugas tendrá la inspiración
además de estas que ya dejaste sobre la cama
la luna de julio   la de septiembre
la de la mañana   rota y gris
sin redención   sin salas tibias por la tarde
opacidad
en las copas de cristal y de los árboles
aquí no hay mar   a pesar de los portales
no es la tierra de mis abuelos ni de mis hermanos
no es la tierra que pisas
tampoco el polvo de febrero
ni el terciopelo que eres   supongo
al final de cada respiración
también el principio de la luz y la belleza.

Algo perdido

Me diste un beso enorme
para que con él construyera tu cuerpo
de madrugada empecé la tarea
inicié por el arco de tu pie derecho
exacto para los cuatro dedos de mi mano izquierda
que en apretado espacio son como
tallos de gerberas o de lisiantus
construir tus piernas no fue difícil
cayeron como dos fuentes de agua
sobre tus pies
hice el torso como quien apila una columna de libros
construí tu espalda
llanura de vientos
me quedé por horas a la orilla de tu lunar
y del lunes
me fui con las lluvias del monzón
después trabajé tu cuello
no sé cómo
apenas una torre sobre el aire
perfecta como un torbellino.

Julio o de la boda

Muere la tarde,
es julio
en el jardín la lluvia termina en la pobre lejanía,
te espero, la noche llega puntual,
los invitados de dos en dos se han ido
cruzando el enorme patio de las sirenas y sus aguas,
la vida se diluye en los cristales del pequeño salón,
no llegaste a la cita,
mis amigos no conocerán tus gestos
ni el descuido de tus manos.

El juez toma su libro,
guarda el bolígrafo con la discreción de quien roba algo.
Tengo el mismo miedo del día que te hablé por primera vez,
ya no habrá otras,
mi madre tampoco vino
aquella mañana al salir de la escuela me lo advirtió
fue terriblemente dura:
"ella no vendrá, ni ayer ni nunca"
no le creí, era imposible que lo supiera,
como un presagio de muerte llegó el silencio
después, en algún lugar del jardín, se escuchaba
el concierto para piano No. 3 en C menor.

Todos se fueron, ahora de uno en uno,
me quedé en medio del salón y de sus mármoles
esperando a que toquen la campana
para regresar a casa.

Sin título III

Durante meses
desde la madrugada hasta entrada la noche
solo pensaba en besarte
hacía planes, estrategias de cómo tomarían mis labios
los tuyos
imaginé los aromas
los tactos
las miradas
te vi separarte de mi beso muchas veces
volver a él otras tantas.

Pero hoy no sé si será para siempre la catástrofe
la codicia de su posibilidad
se apaga
se desliza en las laderas de una colina de arena
se desvanece y se pierde en la grandeza de su propio deseo.

Amor o del perdón

Perdóname
por traerle un amor gastado, algo sucio, viejo,
lastimado en sus cuatro costados,
lo he entregado tanto,
a mis amigos, a uno de mis padres
a mis perros y a unos gatos,
a muchas mujeres que no logré conocer
en algunas tardes al final de la infancia.
Está usado, porque lo tomaron
a cuestas desde el llano a la montaña,
lo dejaron entre las piedras,
fui por él,
lo sacudí con fuerza,
lo puse a andar de nuevo,
se lo di a mis hijos de lunes a domingo,
por eso le suenan los pasos.
Es un amor triste también,
melancólico de infancias y de libros
¡pero mire usted!
tal vez pueda con él,
basta pulir un poco
con esas sus manos llenas de mentiras,
con el agua de su pecho, sus lunares,
con su voz de fríos y de nubes.
Basta que cierre usted los ojos,
deje que su aroma entre igual que se va la vida.

El odio de las frambuesas

Por ti odio las escaleras
las pequeñas comidas del invierno
envueltas con cuidado
vacías

odio la música que amé
el canto de las mañanas
los viajes en carretera
los dulces
las frambuesas

odio misar los domingos
y miso los lunes y los viernes
odio a las personas que callan
los perfumes
también las cajas de madera y sus aromas a guardado
odio con fuerza la luz de la luna
a Pancho
que nunca supo qué hacer contigo
de la misma forma odio las manzanas
la carne seca de la envidia y el egoísmo de las tardes en tu casa
los números que se repiten
siete y siete
seis y seis
y el alba de los lunes

cómo no odiar el color rojo de los labios
de las mujeres de provincia
ser lo que soy cuando me das los buenos días
odio el escándalo de tus pasos cuando golpeas el pie izquierdo
el trabajo que desprecias
más de lo que yo odio los chicles o los platos despostillados
ahora odio también la vana espera
al derecho o al revés
los sobres de las cartas
sus estampillas

las citas de aniversario
los relojes planos
los gatos las gatas los lentes y tu canto

Ahora odio tantas cosas que no odiaba

(Pero a ti no)

quisiera odiarte como a los libros dedicados
los poemas y los sellos postales

ya no me cansa odiar tanto
como me cansaba caminar hasta el coche y darte la mano

no podré odiar el vino
ni al tiramisú
ni a Alicia o al conejo
ni al sol y sí a las mañanas de noviembre
los pantalones blancos de los enfermeros
su claridad me espanta
y hoy en especial me odio a mí
por amanecer despierto.

Insectos o de las pérdidas

Uno pierde las cosas
amigos gatos puentes
sin darse cuenta deja monedas en las bolsas
del pantalón con el que fue a la kermés de niño
deja el amor en la moldura del buró
entre el polvo y los insectos secos.
Las perdemos sin saberlo
sin echar de menos sus aromas o sus colores,
así se van las cosas
los recuerdos
como quien tiene un desván detrás de una puerta
de la que nunca vio la llave.
Perdemos el sol los libros las mañanas
algo del sueño y los nombres los rostros
y el color de los cabellos,
las gallinas y la tierra tallada de las uñas
su corte semanal.
Perdemos en las páginas de un libro
la primera nota de amor su fotografía
el olor de su cuello
el rumbo y la dirección de la casa en la colonia Roma.
Allí dejamos también
en un olvido agrio el primer plato de sopa
la avena del odio la cal de las tortillas
los trenes y los barcos.
Perdemos el deseo de la carne
la calidez de la tarde entre los brazos
de quien ya no sabemos,
el dolor en sus ojos el grueso de su voz.
Todo arde en la desesperación
de recordar el camino a la escuela
los cuadernos los lápices la sonrisa de la mesura
y la niña de la butaca de atrás.
Olvidar que ayer podía mirar por horas tu nariz
las pestañas que hacen sombras
sobre tus pómulos imperfectos.

Ayer podría, creo, deletrear dos tres hasta cuatro veces
palabra tras palabra las interminables charlas
contigo y con tu sombra.
Perdemos personas, cantos arañas y pájaros en el agua,
planetas caminos amor y queso.
Cómo volver a casa junto con las razones para vivir,
violines notas y cantos,
cómo se miran las nubes en abril o mayo
lo que pasa en junio
junto al café o sus labios.
No sé cómo se pierden los ruidos de las madrugadas,
la desnudez y las palabras que se escriben con s o z,
el orden o el caos,
quién era mi padre o cómo se juega al dominó o al Backgammon,
tomar cerveza en botella y tacos.
Las inquietantes puestas de sol,
el llanto por los muertos, las tortugas o los sapos.
Perder sin saberlo el cumpleaños,
los sueños junto al pasto de la infancia,
perder y perder la muerte junto con el rayador del queso,
olvidar el andar tranquilo
de la sombra de mi abuelo junto al río y su caballo.
Aquí todo se trata de perder,
como la piedra en el río o junto a un gato.
Perder por días la palabra yo
en la creencia del tú y de las botellas vacías,
tampoco saber nada de los sueños y las plantas,
la penumbra los vasos de leche tibia.
Olvidar el trino de los pájaros,
a los pájaros muertos en el medio de la cama,
dos o tres calcetines y el ajuar de novia.
Dejarse olvidar los chocolates las castañas
o los chiclosos y sus nombres,
dejarse a la deriva junto con el olvido soplado
y resoplando por el dragón de cien cabezas,

tomar sal el té de la amargura,
la sonrisa en el espejo a oscuras y con miedo,
también en el espejo de la luz perder sus labios perfectos
como cisnes a las cinco de la tarde
o como las manecillas de un reloj que solo sabe ser las cuatro.
Olvidar sentado en la escalera su mirada sus caderas
la temperatura desigual de sus pechos coronados de cerezas
y sus marcas de orquídeas en los brazos,
su estómago pequeño y redondo
como la gracia de un niño que se esconde
mientras cuenta hasta diez
con los ojos abiertos
en la espera de no ser encontrado.
El terrible olvido afuera de la escuela
en una calle del color de sus banquetas
y otros niños otros suéteres otros cuentos,
en la mano gatos y más gatos
sin rayones en los cuadernos brillantes
aún y resueltos a dejar caer el agua a gotas
y en emboscadas.
Dejar puertas abiertas y ventanas cerradas,
ojos listones y brazos.
Perder la confianza el rumbo los motivos
y todas esas cosas que te dicen que se pierden.

Sobre el autor

José Carlos Pedroza (1965) Nació en en Córdoba, Veracruz, pero reside en el estado de Chihuahua desde 1991. Ha sido gestor cultural independiente y en el gobierno municipal de Delicias de 2013 a 2021, además formó parte del consejo editorial de distintas revistas en el Estado de Chihuahua y en El Paso, Texas. Ha publicado en revistas de circulación nacional, participado en distintos encuentros de poetas, como organizador y como escritor. *El árbol de la lluvia* es su primer libro.